아무것도 하지 않으면 비가 왔다

제3회 시산맥 창작지원금 공모당선시집

아무것도 하지 않으면 비가 왔다

시산맥 시혼 030

초판 1쇄 발행 | 2023년 03월 27일

지은이 김경린
펴낸이 문정영
펴낸곳 시산맥사
편집주간 김필영
편집위원 신정민 최연수
등록번호 제300-2013-12호
등록일자 2009년 4월 15일
주소 03131 서울특별시 종로구 율곡로 6길 36. 월드오피스텔 1102호
전화 02-764-8722, 010-8894-8722
전자우편 poemmtss@naver.com
시산맥카페 http://cafe.daum.net/poemmtss

ISBN 979-11-6243-356-0 03810

값 10,000원

* 이 책은 전부 또는 일부 내용을 재사용하려면 반드시 저작권자와 시산맥사의 동의를 받아야 합니다.

* 이 책은 교보문고와 연계하여 전자북으로 발간되었습니다.

* 본문 페이지에서 한 연이 첫 번째 행에서 시작될 때에는 〈 표기를 합니다.

* 저자의 의도에 따라 작품의 보조 동사와 합성 명사는 띄어쓰기가 달라질 수 있습니다.

아무것도 하지 않으면 비가 왔다

김경린 시집

| 시인의 말 |

어지럽게 놓아둔 내 발자국이
나를 떠나 더 고요하고 더 편안하게
쉬었으면 좋겠다.

2023년 초봄, 김경린

■ 차 례

1부

갑자기	19
풍경의 탄생	20
간단하게 보내는 하루	22
공놀이	24
히비스커스에 발을 담그면	26
타임푸어	28
거룩한 혀	30
케세라세라	32
블루밍	34
처음부터	36
허쉬역에서	38
Most	40
장인匠人	42
딴짓	44

2부

그림자	49
모퉁이를 가진 등	50
그네를 탄다	52
파리의 하루	54
점	56
아무것도 하지 않으면 비가 왔다	58
불안	60
코드	62
빈손	64
타투	66
삼켜지지 않는 알약	68
첼로와 비올라	70
자각몽	72
사생활	74

3부

스트레스	79
Prost	80
애인	82
잠자는 인형과의 동거	84
낯선 뱀 한 마리	86
코스프레 로맨스	88
당신은 거기를 지나갔을까요	90
먼 마중	92
실종	94
물방울	96
안녕	98
밖으로	100
기도	102

4부

로맨스를 봐야겠어　　　　　107
횡단보도　　　　　　　　　108
가을이 오는 방식　　　　　110
골드스완　　　　　　　　　112
일요일의 연대기　　　　　114
푸른 수염　　　　　　　　　116
거짓말　　　　　　　　　　118
낯선 신발의 시간　　　　　120
소음의 공식　　　　　　　122
소식　　　　　　　　　　　124
여름 이야기　　　　　　　126
가까이 오세요　　　　　　128
평범한 악연　　　　　　　130
소파　　　　　　　　　　　132

■ 해설 ｜ 신수진(문학평론가)　　　135

1부

갑자기

밥을 먹는데 전화벨이 울렸다
뭐하냐고 묻는데
입안 가득 밥을 넣고 오물거리는 동안
쉴 새 없이 계절은 지나가고
너는 아득한 세상 밖 그 어디쯤에서
나를 잃어버린 걸까
앰뷸런스가 빠른 속도로 지나갔다
허공이 중심을 못 잡고 흔들린다
슬쩍 내 어깨를 밀어 넣고
나무 위의 새들은 후드득 먼 하늘을 보고 있었을까
나는 아직도 대답을 찾지 못하고 서성인다
바람을 밀고 가는 구름
누렇게 익어가는 푸른 나무들
세상의 모든 길들은 나를 관통해 뻗어가고
오랫동안 귓속을 맴도는 거리악사의 팬파이프 소리

풍경의 탄생

바다를 옮기는 손이 너무 크다
맥주캔은 나타났다 사라지는 엑스트라

흐르는 동작을 기억하는 손
고양이 한 마리가 세워놓은 절벽 쪽으로 사라진다
파도는 아직 도착 전이고

등대를 활짝 열어젖힌 저녁
다리 없는 의자는 계단이 된다

절벽 위에 선 관찰자의 입장으로

숲이 된 바다는 나무를 수장시키고
물감이 흩어놓은 억새는 불빛을 키운다

점, 점, 점 섬이 되는 점

하늘 없는 구름처럼
〈

손을 펼치면 질서 없이 놓여 있는 파도가
뜯긴 봉지 속 그래커의 모습으로

부서진다 바다가
손안 가득 푸른 물감으로 쏟아진다

간단하게 보내는 하루

세면대 구석 낡은 칫솔을 주워 들고
엄마가 있었으면 좋겠다는 생각을 잠깐 했다

문이 사라진 방에서
얼굴 없는 사람과 나누는 대화
거울이 깨져 흩어졌는데
하얗게 빛나는 건 내 뼈들
꿈을 꾸는 것이라고 말하는 꿈

창가로 모여든 햇빛을 움켜쥐었다 놓는다
손가락마다 다른 채도를 갖은 손
연둣빛 새순이 나오면
섹스가 하고 싶다던 엄마는 이 숲을 알고 있었을까

벽시계의 건전지를 빼놓고 떠난 엄마를 아직도 이해 못 하고
열리는 모든 문은 경멸하면서 푸른 철제 대문을 그려 넣는다
시간은 질서를 무너트리는 감정들이어서

가벼워지는 시간은 건전지와 무슨 상관이 있었을까
울퉁불퉁 다른 모습이 되어가는 것들

검푸른 암막 커튼을 들고 저녁이 왔다
눈을 뜨고 있는 것처럼
어둠은 어둠을 조이고
얼굴 없는 사람이 무릎을 세우고 앉아 속삭이듯
세상의 모든 문을 열어젖히는 꿈,

새로운 도형을 형성하는 나무들은
연두, 연둣빛으로 속삭인다
아무도 닫힌 문은 열 줄 모르고
시곗바늘이 기울어지는 그 지점에서

공놀이

누군가 힘껏 공을 차올리자
둥글게 접혀 있던 날개가 펼쳐졌다

손은 어디로 뻗어야 하나
낙서를 하는 새들만 날아다니고
공은 보이지 않는다

물 위에서 빨갛게 부풀어 오르는 공
사람들은 새를 잡아 바닥에서 튕겨댄다

바닥을 흔들었는데 새들이 툭툭 떨어진다

공기의 뼈를 가진 새는 빠르게 이곳을 스쳐 가고
까만 눈동자들이 우르르 몰려다녔다
잡히지 않기 위해 하늘 높이 날아오르는 새

킥킥거리며 농담을 던지는 사람들
반대편에서는 공이 도착하는 지점으로
날개를 닮은 손이 펄럭인다

〈
새들은 낙하할 곳을 향해 날아간다

사람들이 공을 쪼개 놓거나
공으로 허기를 채워 넣기도 하는 저녁

히비스커스에 발을 담그면

식탁 위 하얀 접시에 담겨 있는 나를 깎으며
극야가 끝나지 않는 아침을 생각한다

아무것도 하지 않았는데 서러워지는
생각하면 할수록 사라지는 기억을
오늘은,
다리 하나 없는 의자에 앉아 있는 기분이다

망할 년
엄마가 쉼 없이 뱉어내던 말이 심장에서 뛰어논다
사진 속, 엄마가 나왔으면 좋겠다 싶다가도
끔찍한 마음으로 뜯어 먹는 하루

자꾸만 지겨워져 가는 내가
말끔하게 깎여나가는 껍질의 방식으로
흙을 파고 히비스커스 옆에 발을 심었다

나는 움직이지 않는다
축축하게 히비스커스 꽃물을 부어놓으면

쑥쑥 자라 어린아이가 되겠지
미치지 않은 마음도 갖게 될 테고

풀어놓았던 엄마의 목소리를 걷어 들인다
내가 나를 깎아 두니 망할 년인 내가
어제보다 어려진 아이로 조금 자란 기분이다

쪼그려 앉아 발등을 만져본다
몽글몽글 돋아난 새싹
강아지와 산책을 하는 누군가가 지나간다
나는 그새 개화하여 벌어진다

타임푸어

피크닉 가기 좋은 날씨였어요
열아홉 살 청년이 굶어 죽었다는 뉴스가 흘러나왔죠

드린딜 드레스코드를 생각하며 도시락을 쌌어요
절벽을 떠올리면 계단이 깊어지고 벽은 더 높아지겠죠
흔들리는 기차에 있듯 나는 멀미를 해요

햇빛에 목을 기대는 푸른 나무들을 뽑아 맛있게 먹었어요
보풀처럼 일어나는 땀방울을 털어내기도 했죠
멀미를 잠재우는 데는 나무가 최고였어요

모르는 사람과 마주칠 때면 우리는 폭소를 하고 지나갔어요
버려진 신발에서 쑥부쟁이 한가득 피어났지요
화분이라 생각하는 사람들도 있겠죠

계절은 각기 다른 얼굴의 밤과 낮을 끌어오고

눈을 감았다 뜨는 동안
천천히 돌아눕는 태양의 등을 베어내는 새 한 마리

화사한 햇살을 담은 창문을 두드리며
안으로만 문을 걸어 잠그고
하루가 일 년이었다는 것은 아마 몰랐을 거예요

시간의 깊이를 재러 들어간 열아홉 청년은 언제쯤
나올까요
정오는 오늘의 마지막인지 시작인지
사람들은 상징처럼 시곗바늘을 끌고 지나갔어요

거룩한 혀

지퍼를 열었다 닫았다

이가 빠진 자리에 나무를 심은 아이는
잠든 이파리를 깨우고
주인 없는 무덤을 굴리며 갔다

사람들이 쏟아져 나왔다
누군가 빨리 지퍼를 닫아 주었으면 좋겠다고 생각했다

아주 사소한 사건이지만
종이 위에 그림을 그리고 있는데
완성되지 않은 가족과 집과 마을은 오래된 빵 같았다
내가 모르는 단 하나의 계절은 반복해서 흘러갔고
발랄과 명랑이만이 쑥쑥 자라났다

열한 번째 지퍼가 열렸다
숨소리도 그림자도 없는데 이곳은 축축하다
두 손을 합장한 혀가 있다

완성되지 않은 가족과 집이 한 덩어리가 되어 굴러
떨어졌다

 새 떼가 숲에서 숲으로 날아간다

 하지 마!
 아무 말도 하지 말라고!
 서로의 입을 단속하는 남자와 여자

 아무것도 보이지 않는 날들은 계속되었다
 남자가 고래고래 질러대는 소리만 투명하게 들려왔다

케세라세라

저를 아세요?
기억해내기 위해 하나씩 지워나가는 불안
내가 없어져야 내가 생겨나는

하필,
아버지는 재수 없는 나를 기억하고
스툴 의자에 앉아
벽이라는 것에 대해 오래도록 생각했다
붉은 사과는 자꾸 혀를 깨문다
나는 아무 말도 하지 않는다

혀끝에서 날아가는 새
잎을 떨어낸 홀가분한 나무처럼
환호성을 지르며
북방유령박쥐처럼 눈이 내린다
환호성을 들으며
그동안 밀렸던 약을 한꺼번에 털어 넣는다

벽과 의자는 서로의 심장을 어루만진다

누군가 소리친다
몸속에 흐르는 나를 뽑아내고 싶다고
소리 나는 쪽으로 고개를 돌렸다
새의 입술이 바람의 숲으로 사라진다

헐거워지는 불안을 다시 조이고 있다
리모컨을 끊고 가벼운 농담이 되기로 했다
여덟 시 뉴스에서는 나의 행방을 묻는다
나는 너무 멀리 있다
혼자서 눈밭을 걷는 시간을 쿡쿡 찔러본다
혹시, 저 아세요?

블루밍

벚꽃이 활짝 피었다
꽃잎 위로 꽃잎이 쌓이는 오후
눈빛은 어떻게 읽는 거지
햇빛과 마주 서서
창가에 모인 화초는 서서히 말라갔다

오렌지를 까며 기도하는 사람들
아이들은 언덕 너머 태양 속으로 몸을 숨기고
상 아래 놓인 쌀을 꺼내 발자국을 찾는다
바람의 단면을 자르면 공갈빵 같을까

손에서는 자꾸 꽃잎이 날렸다
어제보다 나는 더 작아졌고
발목 부러진 의자의 위태로움이 갖고 싶어졌다

두려움은 가끔 검버섯처럼 피어났다
우리는 오래 사랑하기 위해 말을 아꼈다
서로 부딪히며 얼굴을 구겼고
보이지 않는 계절에 즐거워했다

〈
난간 위를 걷는 아이를 보며 우는 여자
여자를 보며 천연덕스럽게 웃는 아이
창가에 죽은 화초를 버리러 가는 길
우리들은 시간의 작두 위를 걸으며 환해진다

오체 없이 나란히 누워 있는 연인들
만개한 여자는 다리 아래로 뛰어내리고
그곳에서 우리는 분해되고 합쳐진다

입술도 나무에 붙여 놓으면 꽃이 될까
우리는 자꾸 어디선가 흩날린다

처음부터

  초등학생 뒤에 할머니가 중학생 뒤에 중학생이 어른들 사이에 아이들이 지나갔다 누구의 스토커였을까 나는, 세던 머릿수를 잊어버리면 처음이 되었다 처음으로 돌아가지 않기 위해 나는 다시 처음부터 머릿수를 셌다

  잠깐씩 시선 둘 곳을 잃었다 유리창을 통해 들어오는 햇빛에 기대앉아 졸다가 느티나무 사이의 단풍나무를 은행나무 사이의 층층나무를 세었다 햇빛이 하얗게 세질 때까지 세었다 오래 세면 또다시 처음이 되었다 처음은 끝없이 사이의 궤도를 맴돌았고 나는 사이사이에 나와 나를 멈춰 세웠다

  사람과 사람 사이에 나무가 걸어갔다 나무와 나무 사이에 사람이 꽂혀 있는 한낮 벽이 우거진 방에서 나는 벽들을 셌다 하나 둘 셋 넷 다섯… 벽을 세다가 벽을 놓치면 벽은 내 자리로 다시 돌아왔다 처음이었고 다시 벽 사이에 벽이 돋아나고 있었다
  〈

바닥과 바닥 사이에 발바닥이 놓여 있었다 벽도 없이 바닥을 멈추는 창문은 도착하지 않았다 안을 들여다보는 눈이 나를 낱낱이 셌다 나는 나, 흰 이를 빛내며 산산조각으로 웃었다 파편마다 벽이 싹트고 있었다

 벽을 넘으면 불쑥불쑥 사막이 튀어나와 마른 입안을 헹구었다 뿌옇게 흐려지는 시선이 창밖 풍경을 지워나갔다 그리고 나는 계속 돌아오고 있는 풍경들을 셌는데 창문은 자주 물속으로 가라앉았고 점차 쇠잔해졌다 벽과 벽 사이의 풍경이 사라질까 걱정하며 나는 처음부터 다시 머릿수를 세기 시작했다

허쉬역에서

사탕수수밭 푸른 시간은 비스듬히 자라고
망루에 꽂힌 태양이 츄파츕스처럼 찐득하게 흘러내립니다

보랏빛 행성으로 움직이는 아이의 초롱한 눈동자가
수면 위에서 깊어갑니다
자연의 경계는 지워져 가는데 부풀어진 철로는 기차가 됩니다

손에서 손으로 건네는 흙먼지는 달콤한가
걷고 있지만 제자리입니다
사탕수수를 든 사람들의 손이 시간을 길들입니다

나를 따르는 반려견 한 마리 키울까요
청록빛 하늘이 벗겨내는 구름
바람을 끌어안은 시간은 사람들의 품에 안겨 산책을 합니다

바람을 다 허비하고서야 아이는 혼잣말처럼 하얀

이를 드러냅니다
　백 년 전 사탕수수밭으로 흩어지는
　망루는 망루의 일에 충실하기 위해 쓰러집니다

　떠난 적도 가본 적도 없는 허쉬역에서
　시간을 풀어 놓고 사탕수수밭의 냄새와 바람을 느낍니다
　눈을 뜨면 사탕수수밭이 있습니다

Most

  목매는 일이 가장 쉬웠다

  비정상적으로 그림자는 길어지고
  같은 곳에서 자꾸만 어긋나는 실로폰처럼 욕설을 날리며
  아버지는 눈이 필요 없고 나는 인형을 원했다

  이름 없는 도시가 방 안에 세워졌다
  누워 있는 내게 꾀병이라고 말하는 입
  세계가 사라지는 꿈을 꾸는 나와
  여전히 동화 속으로 사라지는 아이들과는 어떤 관계일까
  그곳에 우리가 없다는 연락은 자주 받았다

  서로의 눈을 의심하는 일
  길은 왜 가파른 곳에 놓여 있는 걸까
  나의 정의는 수시로 바뀌었고

  어른이 되면 눈, 귀, 입이 상실된다는 걸 알았다

〈
나는 어른이 되어가는 중이다
몸은 점점 가벼워지고 까치발 드는 것에 익숙해지겠지
서성이며 살아가는 동안

건물은 목매기 좋은 공간
색이 있어 잎들이 더 푸르러지는
술잔이 기울어지는 각도로 목을 꺾는다

케익에 촛불을 붙여야지 몇 번째 기념일인지 알 수 없지만
오늘은 아주 특별한 날이니까

장인匠人

태아의 모습으로 앉아 있다 잔뜩 긴장한 채,

날카로운 손가락들

완성되지 않은 감정이 빠져나오는 소리가 풋사과 같다

웅크리면 왜 태아가 되는 기분일까

나만의 것을 만드는데

긴 머리카락이 아래로 쏟아지자 바람이 불어왔다

뭉개질수록 새로워지는 몸

꺾이는 관절 소리가 은은해서 좋았다

머리카락이 탈색되는 동안 눈 코 입 지워버리고 눈 코 입을 그려 넣는다

내 위에 너를 덧대면 거짓이 되는 삶
〈

오후의 태양에 인사하면 더 푸르러지는 안녕

휴식이 필요해

웅크린 등 그림자가 잠깐 꿈틀했다

무음의 내가 손가락에서 완성된다

상투적이고 애매하게

완벽해졌다

딴짓

  어울리지 않지만 결혼식은 좋아해 극적인 상황에서 나는 어항 속에서 잠을 잤다 우리의 사이에서 달콤한 냄새가 난다 이별을 위해 부케를 던졌다 물속 모퉁이를 돌고 돌면 나의 결혼식 햇빛을 머리에 이면 우리는 두 개의 동그라미가 되었다

  오늘을 기억해 백한 번째야 라고 말하는 사람이 있다 벽은 물고기 꽃누르미 향으로 가득해서 자주 물을 뿌려주었다 결혼식장으로 가는 길은 공기 방울로 엮어진 다리 나를 툭, 던지면 파장이 일어나겠지

  천연덕스럽게 호주머니 속에서 울음이 쏟아져 나올 것이고 마멀레이드 향이 생각나는 오후 결혼식은 또 다른 결혼식을 지워가는 일 눈을 뜨면 시간은 분주해져 갔다 어울리지 않지만 결혼식은 좋아해

2부

그림자

그늘 속으로 사라진 너를 생각했다
아주 짧게,

종종 빛을 곁에 들여놓았지만
앞뒤가 없는 우리는
집채만 한 공간이 덮쳐오는 것을 어찌할 수 없다

몸이 바닥과 벽에 꺾여 있다
문틈에 얼굴이 끼었으나 부서지진 않았다

낯선 것들과 익숙한 것들이 지루해져
얼굴과 얼굴 사이에 공간을 두고
우리는 각별해지기로 했다

문을 열고 들어섰으나
함께하지는 않았다

모퉁이를 가진 등

자기 집을 보고 짓는 개가 있다
낙타가 건너가는 등이 있다
고양이는 모과나무 모퉁이를 돌아가고 있다

왼쪽 스트레칭은 오른쪽의 통증을 끌고 온다 오른쪽 스트레칭은 왼쪽으로 아득해지고 언어가 다른 나와 모퉁이와 등은 잔혹한 동기가 있다

자세로 키우는 것은
모퉁이거나 등이거나 나이거나 우리이거나
모퉁이는 등이 품은 내막
고슴도치의 등이 따가운 이유

등을 다해 모퉁이를 지키는 돌
창밖은 빗줄기를 모으고
공존을 생각해보라는 목소리가 있다

수고하고 무거운 짐 진 자들은 엄마와 아버지가 나오는 악몽을 자주 꾼다고 말했다 자장가는 누구에게

필요한 걸까 누군가 쓰다듬는 손길을 느꼈다 아프냐
고 물었던가 괜찮냐고 물었던가 그러나 나는 누구를
쓰다듬는 거냐고 물었다

  골목 끝에 새 한 마리 바람의 모퉁이를 돌아
  공중의 등을 날아가고 있다
  세상의 모든 문을 열어젖히는 비밀번호처럼

  말(言)의 굴곡은 낮달 같아서 시차를 두고 희미해
졌다
  솜사탕은 찐득거리는 살을 감추고 있다
  나를 업은 등은 오늘의 날씨를 건너가고
  집 모퉁이에 누군가 얼굴을 묻고 웅크린 채 앉아
있다

그네를 탄다

우리는 항상 앞과 뒤라는 거리를 갖고 있다
손을 잡고 걸을 때조차도 발의 보폭은 맞춰지지 않았다

우리는 서로에게 갑자기 소리를 지르며 화를 냈다
서로의 얼굴에 욕설을 날렸고
돌아서는 상대의 팔을 낚아채 다시 돌려세워 놓고 소리를 질렀다
사랑 참 더럽다
소리 지르는 네가 너무 근사해 보였다

너의 맨 앞은 나의 맨 뒤였고
아득한 절벽 끝에 서 있는 것 같이 서로는 깜빡거렸다
공허한 눈동자는 점멸에 가까웠다
모든 움직이는 것들은 순간순간 사라졌고
흐르는 시간은 자꾸 비켜나갔다

우리는 서로의 방향을 맞추지 않았다

끊임없이 깜빡거리는 가로등 불빛을 헤아려보고 있다

너는 조용히 그네를 탔고
나는 몇 번이나 너의 속도에 맞추려 했지만 너의 등만 보였다
밀지 않아도 되돌아오는 너 역시 나의 등만 보고 있겠지

우리는 여전히 그네를 탔다

파리의 하루

방문을 열면 속도가 빨라진다
시곗바늘이 자신의 속도로 돌아왔다
종착지 없는 버스 승객이 머물다 가는 좌석처럼

발목에 줄을 매달고 번지점프를 할까
공중은 단단한 벽이 된다
멀리서 또 한 마리의 파리가 날아오고

웃음이 멈추지 않는 사람이
울음이 멈추지 않는 사람의 환한 이를 세고 있다

장맛비 줄기 잡고 곡예로 매달려 날아오는
날갯짓이 익숙하지 않다
날개와 나는 서로 삐걱거린다

짙은 숲속을 걸어 나와
나를 한입에 털어 넣는 나무를 보며
나는 노래를 불렀다
〈

익은 시간이 떨어진다 파랗게
무릎 꿇고 주워 담는 시간
상자 속을 비우고 채우는 일은 단순했다

흔들림 없이 바람은 쉽게 부는구나
높고 낮음 없이 우리는 살아나는 법을 배운다

이름을 지우면 체온이 사라졌다
시곗바늘이 없는 시계가 지키는 벽
자리를 바꾸고 체온을 나누어도 요지부동인 사각 틀

공중에는 뜯긴 날개들이 많고
빗줄기 타고 내려오는 비명들이 탁해진다
오늘 저녁이 궁금한 오전이다

점

누군가 내 입술을 끌어다 입을 맞춘다
잠깐, 아직 상처가 덜 아물었어요
이별은 체했을 때 손 따는 거와 다를 게 없다고 말한다
오늘에 대해서는 아무도 추측하지 못한 일
자꾸만 가려워서 만져진다
새의 부리보다 손톱은 더 길어지고
편백 나무를 긁다가 그라비올라 나무를 긁다가
엄마를 긁고 아버지를 긁는 밤은 나의 유일한 정부
손가락을 접었다 폈다
질병도 못 되고 회복도 못 되고 모종의 이동일 뿐인*,
점을 뺀 흔적처럼 반지가 걸렸던 자리가 하얗게 남아 있다
오늘도 변함없이
30년을 쪼그려 앉았던 자리에 앉아 문틈으로 들어오는
빛의 교향곡을 듣는다
백지 위 어지럽게 널려 있던 운명들이 바람에 휘날리고
 한 마리 새장 속, 새처럼 탈출을 꿈꾸는지 유리창에 몸을 던진다
 얼굴에 난 허공이 저도 신기했던지 점이 빠진 자리에 파리가 앉는다

집이, 방이, 점점 멀어지고 세상에 찍혀 있는 점 속에
한 점으로 나는 찍혀 있다

* 진은영의 「그런 날에는」에서

아무것도 하지 않으면 비가 왔다

사선으로 날아간 새의 길이
뒤늦게 출렁거리기에 웃었다 한참을
겁에 질린 개의 울음이 숨을 고르는
밤은 여전히 투명하게 어둠 속에서 빛났다
잠시 눈을 감았다 떴다

부드러운 우유를 쏟은 후
눈을 감았다 뜨는 버릇이 생겼다
낮과 밤은 눈과 어떻게 서로를 간섭할까
아이들이 빠른 속도로 월편을 지나갔다

나는 아무것도 하지 않는 것을 좋아했고
아무것도 없는 것을 축축한 방은 좋아했다
말을 걸어오는 낯선 왼손
놀란 척해야 하는데
눈을 깜빡이는 걸 깜빡했다

밤이 투명해질수록
그림자는 낮게 찰방거렸다

이름이 지워지는 속도로 아이들이 자랐고
아이들이 작은 개집 앞을 또 지나갔다

아무도 나를 알아보지 못했다
여전히 혼자였고
개의 울음소리가 자장가처럼 들려오는
나른한 오후
마멀레이드를 찍어 먹었다

불안

어둠을 몰아붙이는 저녁은 다정했다
다정해서 더웠다

오래도록 말문을 닫고 있었다
허전할까 봐

문밖은 고요한데 방에 비가 내렸다
우산을 쓰면 슬플 것 같아
머리카락을 묶었다

텔레비전과 마주 앉은 가족들
서로의 표정을 지우면서 노래 불렀다
슬펐지만 너무 신이 났다
방마다 생겨난 물웅덩이
가만히 발을 담그고 내일을 생각했다

내일은 정말 있는 걸까

비는 여전히 내리고

물웅덩이 속에 놓여 있는 이국의 풍경이
익숙한 그림으로 다가왔다

돌아가야 할 시간이다
자웅동체의 몸에서 하나씩 분리되는 가족들
생각할 수 없도록
빠른 비트로 쪼개지고 있는 심장

 밖에서는 천만 개의 눈동자를 가진 어둠이 기다리
고 있었다

코드

유리벽을 사이에 두고 등 뒤의 풍경에 집착한다
안과 밖의 구별은 뒤로 미룬 채
종일 흘러 다닌다

비가 오는 날이면
무화과는 어디다 놓아야 할까

낮과 밤의 형식에 따라 우리는 나무가 된다
불덩이를 끌어안고 벼랑에서 뛰어내리는 기분
지구가 자전한다는 것은
세상에서 가장 슬픈 일

오늘은 베란다에 앉아
허방을 딛는 안위를 걱정하기로 했다

발밑, 바람이 지나간 자리
길고양이 한 쌍 오후를 길게 묶고 실뜨기 놀이한다
식탁 위 고스란히 놓여 있는 하루가 덜그럭거린다
〈

서서히 말라가고 있는 화초가 눈에 띄었다
이름까지 가물거리는
돌이킬 수 없는 눈물이 마른 흙을 적신다

상관없는 것
모두, 어떤 것이든 상관없다는 것
일가족이 사망했다는 것도
옆집 사내가 추락사했다는 소식도
하필, 화초는 그때 꺾였고
심장은 나와 상관없이 두근거린다

창문을 뒤집어 거꾸로 세워보면
모두가 사라지는 행성이 될까

유리창을 닦는다
서로의 풍경이 문드러지도록

빈손

예리한 공기의 뼈들은 어디로 흘러갔을까

꿈꾸기 전이라고 말해야 하는데
심장의 여운은 어쩌나
포갠 두 손이 고양이 귀처럼 쫑긋해졌다
눈물 흘리다 웃는 사람들
올 때와 갈 때의 빈손을 사람들은 안녕이라고 했다

혀끝으로 만나고
잔을 돌리던 손을 거두는 일
사람들이 버리고 간 빈손이 쌓여 있다
몸이 고요해지자 너의 소리가 더 선명하게 귓속으로 들어왔다
꿈이 되는 것은 아직 익숙하지 않고

나는 어떤 꿈으로 가는 걸까
안녕을 털어낸 빈손들은 나비처럼 나풀거렸다
음표들은 왜 손바닥에서 잠을 자는 건지
〈

발을 구르며 노래 부르는 사람들
나뭇가지에 매달린 목소리들이
돌발적인 웃음을 떨어뜨리고
누워 있는 것이 불편하다

손바닥을 보면 웃어야 할지 울어야 할지 알 수 있다

타투

한 뭉텅 빠져나간 공기의 부피는 채워지지 않는다
어제보다 더 짙은 홍조를 띠는 바다가 꾸벅이는 창가
등을 맞대야만 편해지는 관계를 생각한다

벽지가 떨어지기 시작한 시점이 언제였지
반복적으로 잠깐 머물다 사라지는 기억의 생

몇 번은 붙였던 것 같은데
떨어지는 것도 취미가 될 수 있나
가끔 숨 쉬는 것도 귀찮아 호흡도 휴식을 취하지
팽창되는 공기를 가만히 만져본다
부드러웠다가 와글거리는 것은 형질이 변경된 걸까

내 주위를 몇 번 휘감았다 사라지는 공기가
허공에 박힌다

파장을 따라 점점 부풀어 오르는 하루
그러나 밤은 오지 않았고
한 뼘 더 멀어진 벽지와 벽의 등고선이 선명해진다

〈
오후의 푸른 시간들은 눅눅해지는데
밤보다 먼 아침의 비밀은 여전히 걱정이 없는지
진한 커피 향이 가득 밴 등이 문득,

관계에 대해 생각한다

삼켜지지 않는 알약

삼킨 감기약 한 알이 입안에 남아 있다
별것도 아닌 것들로 텔레비전은 시끄럽다
알약을 삼키는 동안
식구들은 종류가 다른 알약처럼 사방으로 흩어져 있고
세탁기는 덜컹거리며 돌아간다
애써 삼킨 약처럼 창을 타고 흘러내리는 낙엽
적도가 나를 안을 걸까
내가 적도를 끌어안은 걸까 아프다는 것은
어느 극점이 내 속으로 밀려오는 것

폐품공장 안으로 저녁을 불러들이는 시간
책상 위에서 없어진 물건을 내 머릿속에서 찾는 딸
여기저기 뒤적거리며 다니던 아이는
우두커니 텔레비전 화면만 바라보고
입안이 쓰다
갑자기 집 안이 들판처럼 까마득해진다 깜빡이며 희미해지는 불빛들을 바라보면 쓴 알약을 삼킨 것처럼 나는 자꾸 달달한 머쉬멜로우가 먹고 싶어진다
〈

세탁기는 끊임없이 덜컹거리고
빗물은 여전히
집 안의 구멍을 향하여 흘러내린다
목구멍에는 삼켜진 알약이 걸려 있는 듯 자꾸 마른 침만 삼켜진다

빨래가 다 돌았다 세탁기를 열고 한 덩어리의 가족을 끌어 올린다
아무 일 없었다는 듯 엉켜 있다 팔이 엉키고 가슴이 엉키고 갈비뼈까지 엉켜 있다 엉켜 있는 줄도 모르고 엉켜 있다

첼로와 비올라

오후의 시선이 있다
사선으로 내리는 불안,
알 수 없는 시작과 끝이 만나고 있다

배우들 목소리가 내 귀를 재웠다
목소리가 깊어질수록 모래가 귀에서 쏟아졌다
잠은 어떤 색입니까
손바닥에 묻은 여러 색에서 잠의 색을 찾겠습니까

아무것도 하지 않는데
더 격렬하게 아무것도 하고 싶지 않다

꽃병에 꽂힌 연필에 물을 주었다
번개 맞은 흰색이나 검은색으로 잠이 기억되는 편견,
가장 친한 친구의 이름을 생각하는데 잠이 생각났다
얼룩무늬 표범처럼

시선은 원래의 위치에 놓이고
저쪽에서 이쪽으로 걸어오고 있다

짧아지는 시간만큼 늘어나는 길
걸어오는 나무가 인사를 권하는 오른손이 있다
아무것도 하기 싫은 왼손도 있다

모래이불은 여전히 여전히
흰색 속이거나 검은색 속이구나 이곳은,

연필에서 수액을 뽑아내고 있는 누군가를
자라나는 길만큼 멀어지고 있는 나를
색채를 덧씌운다
원하지 않는 방향으로 흐르는 깊이

내일 걱정이 소리 속에서 잠들었다
어둠을 툭 던져놓고 하얀 방이 사라졌다

자각몽

잠을 잤다

입술에 모래알이 다닥다닥 붙은 물집이 생겼다
하얗게 뒤덮는 눈이 내리는데
꿈속이었다

눈 위에 갈색 솜뭉치가 이리저리 굴러다녔다
사냥개 두 마리가 솜뭉치를 물었다 흔들었다를 반복했다

동물을 사랑합니까

그렇다고 죽는 것은 생각하지 않았다
관절이 빠지면 잠에서 깨어났다
꽃도 공포가 되는 걸까

솜뭉치가 붉은 꽃으로 변할 때 알았다 너도 개라는 걸
언제까지 꿈만 꿀 거냐고 물었다 개가
무슨 말을 해야 하는데 움직이지 않는 입

〈
번지는 꽃물이 눈동자를 물들였다
꽃을 천천히 들어 올렸다
손안에서 뭉크러지는 꽃, 아팠다 현실처럼

그러나 꿈은 계속되고

사생활

내가 아는 사람들이다
그들은 아무도 나를 알지 못한다

냉장고 돌아가는 소리는 들리지 않았다 요란스러웠던 건 정수기였다 창문을 열면 정적은 더 깊어졌고 낯선 언어들은 음역을 높였다 바다가 문을 열고 들어왔고 보송보송해진 이부자리, 한낮이었다 파도가 수화하는 시간

너의 초능력의 한계는 어디까지지?

그들과 거리를 두기로 했다

뷰티인사이드* 증후군을 앓고 있는 건지도 모를 일이다 콘프러스트가 흰 우유에 불어가는 시간이 가장 신선했다

방바닥에 낙지처럼 눌어붙어 있던 어제의 내가 없다

* 영화제목

3부

스트레스

언어 이전의 언어로 말한다

한 겹 한 겹 추위를 껴입고

아크로바틱 자세로 정리된 그릇은 우아했다

냄비에서 너의 길이 퉁퉁 불어 갈 때까지

식탁은 움직이지 않았다

나 아닌 내가 방 안에 가득하다

독백인가

벽에 걸어두었던 공기가 부서져 바닥에 소복이 쌓였다 그러나,

너는 네가 되지 않는다

불어나는 것은 모두 문이었다

열리지 않은 문은 모두 지워버렸다

입이 사라졌다

Prost

 가끔 햇빛에 살갗이 베이는 꿈이었다

기타와 피아노, 사람들의 목소리는 몇 도에 맞추어야 하나

바닥에 누운 창문의 각들이 변신을 시작한다

어둠은 발끝부터 더듬어 오고

Prost!

너의 모든 것을 위해, 나의 사소한 것까지

날카로운 햇빛이 꽂혀 있거나 쓸쓸한 저녁에 대한 것들

터널은 왜 손목 속에 놓여 있는 것일까

우리의 관계는 밤보다 더 어두웠고 주머니 속에는 소음이 가득했다
〈

덜컹거리는 소리에 귀를 세우면서 잠이 들었다

레일 위 열차처럼 밤은 요란스럽게 달려갔고

깍지 낀 너의 손이 차가웠다

그때 나는 눈을 뜨고 있었던가, 감고 있었던가

아무것도 기억나지 않는 날이었다

애인

이건 내 역할이 아니다
식은 커피잔을 돌리며 이국의 혹한을 걱정하는 일 따위는

잠깐 내려놓았던 귀고리가 없어졌다
이국의 골목에서 웅크린 캥거루는 무엇을 할까

저녁은 오지 않고
발끝에 차여 걸려 넘어지는 무료한 오후
먼 애인이 생각났다
왼쪽이 가장 잘 어울리던

도무지 왼쪽은 익숙해지지 않고
빛은 여과 없이 내 몸을 통과한다
배가 고프다

몇몇의 손에는 식은 커피잔이 들려 있다
웃으면서 화를 내고
화를 내며 웃는 먼 애인의 얼굴이 스쳐갔다

〈
우리는 너무 긴 시간의 수수께끼에 지쳤다

의자가 반듯하게 놓이면 나 혼자 먹먹해지는
그런 날은 찢어진 청바지를 입을까

만 년 전, 이별한 우리는 벼락 맞은 나무

끊어진 속옷처럼 눈은 흘러내리고
완전한 하루,
배가 고프다

잠자는 인형과의 동거

가끔, 인구조사 때
혼자라고 적을 때도 둘이라고 적을 때도 있었다

동전을 한 움큼 주웠고
문지방까지 물이 찰방거렸다는 꿈 이야기
죽은 말들이 새어 나왔다

잠자는 인형의 눈을 들여다본다
머리맡에는 흰 꽃병이 정직한 자세로 놓여 있다

아무 일도 없는 오후
빨래 건조대가 바람에 쓰러진다
벽돌을 주워 지탱하고서야 삐딱하게 서 있는

애벌레처럼 여름이 꿈틀거렸다
 나무들은 기형의 자세를 좋아했고 서로의 마음이
선명해지도록
 나뭇잎들은 건강해졌다
 〈

소통에 대해 이야기할 때마다
침대는 질퍽거렸고
불가피하게 바람과 창문의 대화만 듣는다

인형의 손아귀에 잡힌 내 팔목은 차가워지고 투명해진다
여름을 기억하지 못하는 입술은
지상에서 못다 한 말을 하는 것일까

창백해지는 인형의 표정
뼛속까지 초록이 되는 여름이다

낯선 뱀 한 마리

  도로를 가로질러 가는 뱀, 우리는 언제 한 번 만났던 인연처럼 비명을 지르고 눈을 맞췄다
  입술이 내 입술에 와 닿았을 때 심장이 간지러워지는

  너를 만났을 때도 그랬다 낯선 체온으로 가득해지고 하루는 지루하게 길어졌다 빨갛게 익어가는 열매의 씨앗들이 삐걱거리는 소리를 듣는다 한낮의 태양은 이물감처럼 부풀어지고

  혀를 오므리면 투명한 젤리가 된다
  너는 낮과 밤 사이에 놓인 휘파람
  물결모양의 손가락들은 가벼운 농담을 쏟아낸다 손끝에서 손끝으로 맞물리는 안부가 불편해 오랫동안 노래 불렀다

  나는 비켜서는 방법을 모르고
  나뭇가지가 새를 흔들면 나뭇잎처럼 떨어져 켜켜이 쌓이는 공중

햇빛에 익숙해져 있는 나비를 본다

아무 일도 아니라는 듯이 계절은 가고 계절이 왔다
천천히 움직이는 뱀을 보며 가끔 방에서 길을 잃었다 가볍게 끊어지는 들숨과 날숨의 뒤척임들 나무가 기울어지는 방향으로 나는 점점 익숙해져 갔다

우리는 아직도 여기와 거기에 있다
소름이 돋은 살결로 포옹하는 방법을 찾고 있는 중이다
도로의 뱀은 먼 풀밭에서 목구멍까지 밀고 들어오는 몇 개의 발자국과 온기를 뱉어내고 있다

코스프레 로맨스

내 남자의 여자에게 전화가 왔다
까치밥으로 두었던 홍시가 떨어지고
청아한 여자의 목소리가
부드럽게 내 심장을 조물거렸다

웃음소리는 흰 벽을 타고 피어났다
바닥에 떨어지자마자 바스러지는 것들
좁은 수족관을 탈출한 물고기가 바닥에서 뻐끔거렸다
은밀해지기란 얼마나 쉬운 일인지*
침묵은 아직 겉을 들어내지 않았고 나는
돌돌 말린 밤을 목에 둘렀다

철새를 기다리는 애인들은
머리에 안테나 하나씩 꽂고
별을 따다 한 입씩 베어 물었다
어린 소녀들은 색색의 웃음을 공중으로 흩뿌리고
계절은 썩은 과일처럼 바닥에서 뒹굴었다

막 생성된 또 하나의 시간이 싹을 틔우는 오후

붉게 익어가는 내 남자와 여자는
곧 떨어질 것 같은 격렬한 눈빛을 매달고 있다
열쇠가 없는 문이 덜컹거렸다
나를 열고 나간 두 사람이
오후의 시간 속으로 스며들었다

코끝을 물어뜯는 새벽바람이 불어왔다
여전히 발목은 서로 묶여 있고

시베리아를 넘어온 우아한 바람은 표류 중이다

* 안희연의 고트호프에서 온 편지에서

당신은 거기를 지나갔을까요

눈 안쪽이 찢어졌습니다
종일 태양의 뒤편이 돌아오고
나를 쫓던 시간 속으로
나를 가둔 방은
하루는 목말랐고 하루는 넘쳐났습니다

작은 화분이 구르며 웃습니다
창문은 아침을 접었다 저녁을 펼칩니다
모래가 펼쳐진 해변을 털어냈는데
버려진 발자국들이 쏟아졌습니다

발자국들을 버린 신발들은 어디로 갔을까

꼿꼿하게 의자의 자세로 있는 저 표정
눈동자가 단단해질 때,
날카로운 어둠이 더 안전하다고 믿습니다
벽에 걸린 드라이플라워가 수화를 합니다
시끄럽다는 말을 잊어버린 내가
꿈을 깨웁니다 이건 잠입니다

〈
 마른 물잔 속이 궁금해 거꾸로 들고 털어봅니다
 손을 넣습니다
 손과 손, 손가락과 손가락 사이를 빠져나가는 발자국들

 서로의 뒤를 바라보는 최선을 택합니다
 이해한다는 것은 불완전하다는 것,
 눈과 눈 사이가 가까워지고
 태양의 뒤편과 마주하는 시간

 울퉁불퉁한 공기를 던지는 일
 빠르게 굴러가는 입의 모형은 얼룩입니다

먼 마중

국수가락을 입에 넣었을 뿐인데 앞니가 빠졌다
담장 위로 올라가 웅크려 앉는 일종의 의식
동그랗게 몸을 말고 천천히 그루밍을 했다

빈손에서 빈손으로 옮겨가는 체온과 누군가 풀어놓은 털실로
한 올 한 올 뜨개질을 하는 당신
모든 문을 활짝 열어 놓는 동안
문밖까지 나온 당신의 얼굴은 닫힌 문의 형태를 담고 있다
온갖 것들은 암전 속에서 단단해졌다
나를 토닥이며 자장가를 부르는 사람은 누구인가
여전히 당신은 담담한 모습으로 아버지를 기다리고

꼭꼭 숨어 있던 얼굴들이 입술을 열고 추락한다
멀리서 돌아오지 않는 길은 혼돈의 끝에서 만나게 될 것이다
완성되지 않은 스웨터가 바구니에 개켜져 있고
털실 뭉치는 방바닥을 굴러다니고 있다

〈
　오늘의 안부는 통증으로 가득한 무릎
　머리는 동쪽으로 두고 퇴화한 귀를 벽에 붙이는 카오스 의식

　담장에서 딱딱딱 이빨 부딪히는 소리가 들려왔다

실종

　꼬리를 살랑이며 걷는 강아지에게 손등을 내밀었을 때 비가 내렸다 손등은 푸드득 작은 새가 되어 하늘을 끌고 호수 속으로 사라졌다

　내가 본 것은 강아지가 아니라고 말하는 잎들을 보았지만 그냥 강아지라고 생각하기로 했다 날아간 새는 돌아오지 않았기에 다른 손을 대신 내밀기로 했다 반짝이는 슬픈 눈의 강아지를 안았는데 안개처럼 가벼웠다

　찔레꽃 향기가 봄을 지워가는 오후 산을 끌어안고 자라는 작은 나무가 이끄는 대로 따라갔다 눈 가리고 느끼는 풍경은 오롯이 혼자였다

　찔레 향이 묻어 있는 사탕을 나는 입에 물었고 너무 아름다운 길은 좁고 위험하다는 것을 알았다 그곳에 오백 년 전에 잃어버린 강아지를 찾는 전단지가 붙어 있다 반짝이는 슬픈 눈을 가졌다고 써 있었다
　〈

품 안에 더 깊숙이 강아지를 밀어 넣었다 그때 나뭇잎 사이로 빗줄기가 쏟아졌다 나는 무사히 그곳을 지나갔고 나를 찾는 목소리는 들리지 않았다 소리를 잃은 내 목소리만 슬퍼졌을 뿐

 풀벌레 소리가 멀리서부터 들려왔다 무엇을 잃어버려야 찾으러 다닐 수 있는지를 생각했다 내게는 아무것도 없는데

물방울

  물기둥 솟아나는 분수대에서 아이들이 뛰어다녔다 통통 불은 아이들이 익반죽처럼 차져 갈 때, 멀리서 새들이 푸드덕 몇 번 날아올랐다
  개망초꽃들이 한 시 방향으로 몸을 기울인다 우리는 어린 시절 지붕에서 줄줄 비가 새는 방 안 한쪽에 쪼그려 앉아 있었다 우리 식구는 알몸으로 개망초 속에서 다시 피어났다 밤낮없이 눈이 부시다며 꼭 감은 엄마의 눈에선 뻐꾸기 소리가 났고 우리는 뻐꾸기를 본 적이 없다 하지만 풍경 소리를 왜 뻐꾸기라고 식구들은 말하는지 모르겠다 허공을 지휘하는 아버지 꽃밭은 아직 완벽해요
  물에 젖은 아이들 몸에서도 물방울이 튀어 올랐다 한 아이가 엎드리자 아이들이 모두 엎드렸다 개망초꽃처럼 물방울은 피어났고 아이들도 붉게 피어났다 마치, 접었다 폈다 하는 손가락처럼 아이들과 물방울은 오래도록 접었다 폈다를 반복했다 더 높이 솟구치기 위해 물기둥은 더 높이 치솟고 제자리로 떨어진다 아무도 물의 비명은 듣지 않았다 일상적이었으므로 사람들은 식상하다고 했다

나는 지금 꿈을 꾸는 중이다 허공에 갇힌 새가 나를 바라본다 창문 주위를 서성이는 구름의 움직임을 주시하는 나는 비명을 듣는다

안녕

집은 언제 비워질까
북적이는 빈집

너는 눈 위에 앉아 뺨의 빛깔로
거친 바람결을 다독인다

우리는 언제쯤 알 수 있을까
네가 떠났던 곳에 서 있을 우리를

눈을 쓸어야 하는데 이건,
눈과 길의 문제야

자꾸만 우스운 풍경이 생각나
안녕을 연습해야 할 시간이라니
손바닥이 환하게 보이는 경건한 인사

건너편 집에서 반사되는 빛이 차가워
봄이 몇 번 남았더라
〈

몇 세기 전 새벽에 멈춘 눈꺼풀
미리 해둔 인사가 참 정겨운 새벽이야
집착할수록 생생해지는 기억 속으로

까무룩 하게 미끄러지는 나는
부정하는 세계의 목숨
두 손으로 전하는 안녕 그리고,

 우리들은 언제까지 장난처럼 인사를 주고받아야 하
는지
 어느 날 없을 너의 곁에서,

밖으로

시계도 없이 초침 소리가 들린다

어둠이 가라앉고 있다

창밖 불빛은 더욱 선명해지고

똑같은 얼굴을 한 사람들이 손을 잡고 지나간다

잠시 나는, 이상한 사람이 되기로 하고

밖으로 나간다

더욱 빨라지는 초침의 속도

심장은 언제 폭발하나

붉어지는 열매의 꼭지가 끓어오른다

아무렇지 않은 표정으로

바람을 잠재우는 나무는

〈
창문을 모두 왼쪽으로 밀어 놓고

공중의 감정을 읽는다

내년 겨울을 미리 소비하는 오늘

한여름에 내리는 흰 눈으로

아는 사람이 없는 먼 곳이

내 옆에 와 닿는다

소름 돋는 내일이 기다리는 것처럼

기도

문 앞에 새가 죽어 있다 새가 죽었을 뿐인데 집 앞의 풍경이 사라졌다 구름이 낮게 깔려 발도 사라졌다 허공의 목덜미를 끌어안고 숲이 흔들렸다

그물에 걸린 새를 풀어준 일이 있었다 그날은 비가 왔다 새의 몸은 액체 같았다 아무도 믿지 않겠지만 새를 빼내는데 내 뼈가 흐물거렸다 나뭇잎이 흘러내렸다 내 손가락마저 어디론가 흘러가려는지 파르르 녹아내렸다 몇 가닥의 그물로 엉켜 있는 새의 목에선 떨어지는 블루베리 같은 슬픔이 묻어나왔다

흰 종이에 새를 눕혔다 사라진 풍경이 종이 위에 함께 누웠다 풍경을 빼내려고 했지만 이미 붉은 노을은 빠르게 번져갔고 새는 노을 속으로 유유히 흡수되었다 점점 어두워지는 저녁 한 점 수묵화가 생겨나고 바람의 조문이 있었다 이제 기도는 날개가 필요치 않다고 생각했으나 더 많은 날개가 노을 먼 곳으로 날아가고 있었다

4부

로맨스를 봐야겠어

주저앉아서 뒷모습을 바라보았다

말은,

향기일까

맞잡은 손이 헐거워지고 불리는 이름이 거리를 팽창시켰다 풍경처럼 서 있는 나를 몇 그루의 나무가 스쳐 가고 움직이는 발끝마다 다른 세계가 세워졌다 투명한 빛들이 쏟아지는 출구 없는 세계 내가 없는 그곳은 바람 한 점 없이 평안했다 등 뒤에 있는 시간은 먼지를 일으키며 천천히 뒤틀려 갔다 여행은 아름다운 것이어서 다행이었다

횡단보도

늘 박하 향이 났다
아침마다 눈을 뜨면 박하 잎을 물고 누워 있는
박하 냄새가 코끝에서 진동했다

아이들은 서로를 보며 손을 흔들고
어른들은 고개를 끄덕이거나 맹세하듯이 지나갔다
모두는 얼굴이 없었고 그런 그들이 좋았다

땀을 뻘뻘 흘리며 아이가 악을 쓰고 울었다
손을 뻗어 잡아주었다
얼떨결에 뻗어나간 손
우리는 얼굴이 없었기에 다행이라 생각했다

엄마! 라고 부르면 벌떡 일어날까

모르는 사람들끼리 식탁에 모여 앉아 밥을 먹었다
입이 없는 사람들이 밥을 먹는다
숨이 막혀오는 답답함에도 꾸역꾸역 밥을 먹었다
〈

문득,
여기가 어딜까 궁금해졌다
벗어나려 해도 늘 같은 자리인 이곳

가을이 오는 방식

잠결에 귓속을 간지럽히던 소리
잘 있으라고 했던가
잘 자라고 했던가
유령처럼 엄마는 사라지고

매번 상처가 될 수는 없다
엄마는 그냥 세 번째 엄마일 뿐이었다

전단지들이 낙엽처럼 굴러다니고
비 오는 날만 기다렸다

톡톡톡 떨어지는 빗소리만큼
편안해지는 자장가는 없었다
눈을 감았다 뜨면
어김없이 아침은 배달되어 있었고
그런 날이면 나무처럼
하루를 푸르게 시작할 수 있었다

옷 벗고 있는 전단지의 여자들은 엄마의 얼굴이었다

엄마라고 생각만 해도 장미 향이 났다

벽이거나 전봇대거나 나무거나
아무 데나 흘러 다니며 붙어 있는 엄마

입버릇처럼 튀어나오는 엄마
어떤 엄마를 나는 부르고 있는 걸까

밤을 끌어안고 뒹굴다가
몽유병 환자처럼 거리를 떠돌며 나는
잘 가라고 했던가

풀어진 실타래 같은 손이
끊임없이 라디오 채널을 돌리는

골드스완

수천 마리의 백조가 우수수 내려앉는 옥수수밭
나크루 호수 물빛이 출렁이며 건너온다

몇 개의 달을 호수에 연거푸 던지고
보드카 몇 잔을 비운다
우수수 흔들리는 백조의 날개가
호수를 끌어안고 우쿨레라처럼 긁었다
잔잔하고 몽롱한 선율이 밤을 재우는 시간

호수를 향하여 손을 내밀었다
손이 물빛 속으로 사라졌다
발을 밀어 넣고 몸을 밀어 넣고 얼굴을 밀어 넣었다
손가락 끝으로 느껴보던 부드러운 촉감들이 자석처럼 달라붙었다
나는 구름처럼 떠오르고 물처럼 흘러 호수 가운데에 서 있다
백조는 긴 목을 둥글게 구부리다 말고 나를 콕콕 쪼아댔다
물에 젖은 내가 냅킨처럼 풀어진다

풀어지면서 내가 모르는 음악이 내 몸에서 흘러나
온다
 춤이 된 순간만큼은 너를 용서할 수 있겠다
 나를 괴롭히던 진실 속의 진실들
 내가 알고 있는 거짓과 진실은 편견일까, 주입일까

 술잔에 내려앉은 달빛을 삼키자
 호수는 자꾸 내 몸쪽으로 기울고
 몽돌처럼 던져진 달이 호수에 가득하다

 아침이 되자
 수천 그루의 옥수수들이 자기 깃털을 고르며
 햇빛에 시들고 있다

일요일의 연대기

　일요일은 차갑고 고요하다
　마치, 빙하기를 건너는 매머드처럼 그릉그릉 울고 있는 냉동고가 일요일을 횡단하고 있다

　제자리에서 일제히 뭉그러진 채로 펼쳐져 있는 시간들
　사과는 몇 등분으로 쪼개 놓을까

　창문이 얼고 허공마저 얼어붙었다
　새를 쫓는 바람의 형태를 관찰하는 습관이 생겨났다
　발 손 눈 나 너 우리 각기 다른 모양의 조각들이 문틀에 수북하게 쌓여 있다

　텔레비전에서 낯익은 사람들이 오고 간다
　이야기의 양면은 마약같이 내 몸에 스며들고 마취된 감정으로 잠시 잠깐 빙하의 온도는 잊기로 했다

　빙하의 언덕을 넘는 매머드를 사냥하러 가려는 엄마의 칼 가는 소리

얼음의 식탁 앞에서 우리는 잠깐 얽히고 마주치고 돌아서면 빙하의 바람 속으로 사라졌다

일요일이 갔고 또다시 일요일이 왔고 빙하기는 떠날 줄 모르고 갈변된 사과는 말라비틀어져 있고 일요일은 아직 오지 않았고

우리는 여전히 빙하의 동굴에 얼음처럼 앉아서 매머드의 울음소리를 어둠이 깊어지도록 듣고 있다

푸른 수염

식빵처럼 딱딱해지는 구름을 한 겹씩 벗겨낸다
아버지와 아버지 사이에서 나는 가끔 멋있게 뭉개졌다

늘 새장에 들어가 앉아 있지만
내가 새라는 것을 아무도 믿지 않았다
새들에게 손을 내밀자 숲은 더 멀어졌다

끼니를 알 수 없는 밥을 먹었다
끝없이 자라나는 계단을 오르는 꿈은 반복되었다

깊은 밤,
벽에 기댈 때마다 벽 속에서 파도 소리가 들려왔다
폭풍은 언제쯤 도착할까
수초는 어느 방향으로 움직여야 하나

새장 문은 열릴 것이고
아직 날개는 돋지 않았다
아무것도 할 수 없는 내가 좋았다

〈
멋지게 뭉개지고 아름답게 문드러지는
그러나 잘 죽지 않는 나를
새장 주인은 팔을 휘휘 저으며 날려 보낼 것이다

어둠이 내일을 끌고 올 때,
이런 예감은 왜 꼭 맞아떨어지는 걸까

거짓말

족보도 없이 태어난 나는 눈사람이라고나 할까요? 단지, 태어났을 뿐인데 세상의 모든 사람들은 나의 어미가 되었어요 공놀이는 누구나 즐기는 놀이 인가 봐요 낙엽 굴러가는 모습에 꺄르륵 숨넘어가는 아이들을 보면 말이에요 터지지 않을 정도로만 부풀려서 날리는 고무풍선처럼

당신의 심장을 칼집으로 만들어도 변함없이 끄덕이는 움직임 거대해지도록 궁굴린 물컹거리는 살을 흘리면서 나는 누군가의 맑고 투명한 눈깔사탕을 입에 넣어요 꿈틀거리는 애벌레 닮은 붉은 입술을 베어 물기도 해요 비대해져 갈수록 빛을 닮았다고 했든가 진실을 닮았다고 했든가

일 초의 오차도 없이 어제와 오늘이 똑같았어요 1시 18분에 깜빡였던 눈이 오늘 그 시간에 깜빡거렸어요 4시 13분에 생리통을 앓았는데 8시에 몽정했던 그 순간까지 정말 딱딱 맞지 뭐예요 그런데 알 수 없는 것은 내가 태어나는 시간이었어요 왜 같은 시간

에 태어나지 않는 거죠? 인터섹슈얼 증후군으로 태어난 나는 어디에나 있어요 지금 막, 당신의 곁을 지나서 당신을 향해 달려가고 있어요 물처럼 빛처럼 흐르는 나는 시청광장으로 마다카스카르와 대서양을 끌고 왔지요

누군가 나를 해부하기 시작했고 나는 당신의 목덜미를 움켜쥐고 안간힘으로 버티고 있어요 내장을 다 훑어낸 표본실의 개구리처럼 도살장의 돼지처럼 사지가 절단된 내가 뚝뚝 떨어지고 있는 새빨간 피를 바라보고 있어요 비명은 지르지 않아요 수화로 부르는 경쾌한 노랫소리만 들리고 있어요 어둠 속에서 피어나듯 나는 또,

낯선 신발의 시간

집에 돌아왔는데 낯선 신발이 있다
우두커니 낯선 신발을 바라본다
내 심장에 낙인으로 찍히는 신발 자국
습관처럼 나는 꼬깃꼬깃해진 혀를 뽑아냈다

햇빛이 신발 속에 하얗게 누워 있다
꽃들이 돋아날 듯 달아오른 신발 속
작은 정원을 걸어보고
내 발을 가만히 들이밀고 싶다고 생각한다
문틈 사이로 들여다보이는 시간은 점점 눅눅해지고
콩닥거리는 마음을 들키지 않으려 책가방을 끌어안았다
방문 앞에 꽃처럼 돋아났던 화려한 신발은
꽃의 뿌리는 아니었을까

수십 가지가 뒤엉켜 자라는 텃밭을 돌았다
어느결에 따라온 신발이 말을 걸었다
늑골 아래가 간지러워졌다
너는 누구니?

작은 소리로 웅얼거리듯 대답했다

저 푸른 세계 속에서
우리는 친숙해질 수 없는 관계
아버지 여자의 신발은
오랫동안 뜨거운 화인처럼
기억 속에 환하게 피어 있다

뒤엉킨 신발들 속에 가지런히 놓여 있는
신발을 가만히 들여다본다
오래전 내가 사 놓은 신발을 잊고 있었다
집 앞을 서성이던 여자가 나와 겹치고
잠시, 내 주위를 낯섦이 머물다 갔다

소음의 공식

바통을 들고 달립니다

누군가 계단을 펼치자 트램폴린장이 됩니다
새들은 왜 둥지를 입에다 트는 걸까
아이들은 웃음에 충실하고
어른들은 먹는 것에 충실합니다

물 잔이 작은 파동을 느낍니다
뜯어먹다 만 뻥튀기는 해처럼 떠 있습니다
발바닥의 무게는 가늠할 수 없고
심장 뛰듯 뱉어내는 호흡이 천장에서 울립니다

나뭇가지가 창문을 긁는 사이
내 입은 언제 어깨로 옮겨 갔을까
나도 모르는 노래가 어깨에서 흘러나오면
누군가 귀를 기울여 엿듣는 느낌이 듭니다

이쪽에서 저쪽으로 흐르는 공기의 소리
어둠을 끌고 오는 그대는 누구인가

어제보다 늦은 시간에 바통이 손에 쥐어집니다
이상한 기하학의 계단에서 나는 라인을 이탈하고

모든 신경을 열어 놓은 방이 달립니다
아무도 눈을 뜨지 않는 밤이었고
우리는 나뭇잎처럼 입이 없습니다

몇 날 뜬 눈으로 지낸 아이들은
출발선에서 까치발로 바통을 기다립니다

소식

날개를 펴고 뛰어내린 남자는 낙하하면서
뛰어내리던 그 순간을 기억합니다

폭포수처럼 쏟아지는 햇빛
발자국은 가지런히 놓아두고
손가락들은 주머니에서 헐거운 고백을 합니다

공중을 할퀴는 나뭇가지들의 투명한 결핍
숲은 어제보다 밝았고 새와 고양이가 인사를 나눕니다
남자는 날면서 떨어지고 있습니다

남자의 날개는 날개이고 떨어짐은 소문입니다
낯선 곳에서 자신을 잃어버리는 증상은 혐오입니다
새를 물고 달아나던 구름은 남자의 날개를 보았을까요

사방이 부딪힘이고 슬픔이어서 하얀 겨울
오해 없이는 이해할 수 없으므로

나는 10년 전 죽은 사람에게 연락을 취해봅니다
나를 지나간 발자국들은 돌연변이처럼 따뜻합니다

흔들림을 잃어버린 흔들의자의 자세로
나는 남자가 마침내 발견되었다는 소식을 기다립니다

여름 이야기

담쟁이넝쿨을 끌어다 덮었다
차가운 벽이 좋아서
온몸을 던지는 담쟁이

은사시나무 숲속에서
나무의 내부에 대해 생각했다

(꼼짝 말고 여기 있어,
움직이면 안 돼)
아이에게 말하고 집으로 돌아온 날

숲은 벗어났으나 숲의 중심을 맴돌았다
숲의 범위는 점점 확장되어가고
파르르 떨리는 속눈썹에서
빳빳해진 손바닥 훌쩍 커버린 신발까지

어른을 연습하는 시기도 있지

사랑한다는 말에 긁힌 상처가 있어

아이는,
나무들의 내부를 건너뛰다가
출구를 지워버렸다

불쑥불쑥 나의 귀를 열고 들어오는 아이

나는 숲에 아이를 두고
먼지를 털어내는 방법으로
천년을 감금하고 있다

가까이 오세요

또 누군가 헛기침하는 소리
따뜻하네요

6인용 식탁에서 형성된 구름
−저것 봐 채운이 생겼어
누군가 말을 터트리고 똘망해진 눈으로 텔레비전에서 나옵니다

모스 부호로 떨어지는 빗방울을 들으며
물처럼 흐르는 누군가의 모습 위에 나를 비춥니다
어둠에 뛰어들던 모습으로
내가 보낸 소식에 내가 놀라는 상상을 해요

서로의 등을 사이에 두고 공중을 사이에 두고
바람의 부피만큼 위와 아래로
창을 열면 따뜻해지는 공기

그림자를 끌어다 밥을 먹입니다
그러나 허기에 먹일 밥은 없고

의자가 없는 6인용 식탁에서 들리는 헛기침 소리
내 곁에 있다는 것일까요 누군가가

—신발이 없어졌어
말할 때

출렁이는 바닥에 몸을 기대고
전자제품들의 똑같은 이야기를 듣는 하루입니다
아랫집 천정과 윗집 방바닥을 받치고
내가 뚜렷해질 때까지 창문을 닦습니다

평범한 악연*

죽은 엄마가 문을 열고 나오는 애경 미용실

푸른색 파마 향이 식욕을 돋우는 저녁이 될 것 같아

한 번도 내 엄마가 아니었던 적이 없는

내 엄마였던 적도 없는

벽에 걸린 거울이 낯설어 지워버리고

창문을 그려 넣었어

불쑥불쑥 문을 밀고 들어오는 애견들

애경을 애견으로 읽힌다는 것을 상상이나 했을까

수건으로 그림자를 털어내는 엄마가 신기했어

손금을 믿는 버릇은 오래갔지

손바닥을 보고 욕설을 날리다 미친 듯이 웃는

〈
우리는 엄마 앞에 내 이름을 붙이는 사이

서로가 기억할 것이 없는 사이

애경 미용실 문을 열고 들어가는 뒷모습이 보였어

나와 상관없는 글자 앞의 이름이 떠오를 때마다

죽은 엄마는 애경 사거리 위에 놓여 있었지

액자 속 그림이 문밖으로 길게 늘어지고

도로를 건너는 도로가 태양을 맛있게 먹고 있는

상큼한 여름 저녁이 놓여 있었어

* 평범한 악연 : 애니메이션 나치메 우인장

소파

라일락 나무 밑에서 낡은 소파가 쉬고 있다
내장이 보일 때까지 활짝 웃고 있는
길고양이 한 마리라도 품고 싶은 시간

라일락 나무는 구름을 베어내고
꽃잎인 듯 떨어져 내리는 검푸른 저녁을 기른다
이것이 세상과 소통하는 하나의 방법이라고 말하는 소파
길목마다 라일락 잎 떨어진다
이 모든 것이 한낮의 일상이라며 푸드덕 새들을 날려 보낸다
바람이 떠나자 파르르 떨며 고양이 울음을 흉내 낸다

어둠의 연못 속으로 던져지는 그림자들
우체부의 행적이 우체통 입에 반쯤 걸려 있다
그의 행적을 토해내는 중인지 삼키는 중인지
궁금해지는 밤이다
후드득 빗방울이 떨어진다

■□ 해설

꿈꾸는 어린나무 도형

신수진(문학평론가)

들어가며

　시가 경계를 넘어 타 장르의 문법과 혼재되기도 하고, 방대한 이론이나 철학적 배경을 경유하기도 하며, 독창적인 발명과 난해한 실험에 골몰하기도 하는 시대에 김경린의 시는 내면의 문제의식과 언어의 제련으로 고유한 자기 세계를 축조해간다는 점에서 주목할만하다. 본 시집은 부재와 부정으로 점철된 가계에서 어른아이가 된 '나'가 왜곡된 시간성, 기하학적 오브제, 꿈의 폐쇄회로, 식물적 상상력 등 드라마틱한 내러티브를 전개해가는 과정을 설득력 있게 기획했다.

깨어진 거울, '엄마'에 대한 결핍과 보상심리

"늘 박하 향이 났다"(「횡단보도」)는 엄마는 냄새로 기억되는 존재다. 아침마다 눈을 뜨면 박하 잎을 물고 누워있는 엄마의 모습이 살아있는 사람 같지 않게 낯설다. "엄마! 라고 부르면 벌떡 일어날까"라는 의구심을 갖게 만들던 엄마는 죽었거나 부재중이다. 엄마는 얼굴도 표정도 없는 존재, 손길도 체온도 없는 존재, 음성도 대화도 없는 존재다. 엄마는 그래서 없는 존재이며 있었던 존재라 해도 없었던 것과 같은 존재다. "얼굴 없는 사람"의 이미지는 시집에서 일관되게 등장한다. "똑같은 얼굴을 한 사람들이 손을 잡고 지나"(「밖으로」)가고 그렇게 "모두는 얼굴이 없었고" "우리는 얼굴이 없었기에 다행이라 생각"(「횡단보도」)한다.

벽시계의 건전지를 빼놓고 떠난 엄마를 아직도 이해 못 하고

열리는 모든 문은 경멸하면서 푸른 철제 대문을 그려 넣는다

시간은 질서를 무너트리는 감정들이어서

가벼워지는 시간은 건전지와 무슨 상관이 있었을까

울퉁불퉁 다른 모습이 되어가는 것들

검푸른 암막 커튼을 들고 저녁이 왔다

눈을 뜨고 있는 것처럼

어둠은 어둠을 조이고

얼굴 없는 사람이 무릎을 세우고 앉아 속삭이듯

세상의 모든 문을 열어젖히는 꿈,

새로운 도형을 형성하는 나무들은

연두, 연둣빛으로 속삭인다

아무도 닫힌 문은 열 줄 모르고

시곗바늘이 기울어지는 그 지점에서

―「간단하게 보내는 하루」 부분

'나'는 양치질하는 일상적인 순간에도 무심코 "엄마가 있었으면 좋겠다"라는 생각을 떠올린다. 자신은 엄마의 부분집합으로 세상에 등록되었기 때문이다. 그러나 가장 보호받고 인정받아야 하는 엄마라는 존재로부터 '나'가 부정당하고 버림받는 상황은 누적되어 등장한다. 이러

한 결핍에 대한 보상심리로서 '나'는 어른이지만 아이의 상태에 고착된다. 깨져 흩어지는 "거울"과 하얗게 빛나는 자신의 "뼈"들 그리고 꿈이라고 말하는 "꿈"은 모두 난도질 되어 원본을 찾을 수 없게 되어버린 자신의 반영물들이다. "무엇을 잃어버려야 찾으러 다닐 수 있는지를 생각했다 내게는 아무것도 없"(「실종」)었기 때문이다.

주체의 성립은 홀로 자족하는 것이 아니라 거울이 되어주는 타자와의 만남 속에서만 가능하다. 그런데 자신을 비춰줘야 할 엄마는 깨어졌고 혼자 남겨진 '나'가 할 수 있는 것은 자기 안에서 메아리처럼 반사되는 꿈속의 꿈을 배회하는 것밖에 없다. "열리는 모든 문은 경멸하면서 푸른 철제 대문을 그려 넣는" 일에 몰두하는 '나'는 꿈속에 갇혔다. "쉴 새 없이 계절은 지나가고 너는 아득한 세상 밖 그 어디쯤에서 나를 잃어버린 걸까"(「갑자기」)라거나, "완성되지 않은 가족과 집과 마을은 오래된 빵 같았다 내가 모르는 단 하나의 계절은 반복해서 흘러갔고"(「거룩한 혀」)라고 회상하는 구절은 결국 '나'가 판단 정지 속에서 주관적인 시간을 영위하고 있음을 보여준다.

"세상의 모든 문을 열어젖히는 꿈"을 꾸지만 "아무도 닫힌 문은 열 줄 모르"기에 '나'는 영원히 어둠 속에서 꿈

안의 트랙을 돈다. 나의 근원인 엄마도, 그 엄마의 윤곽을 더듬거리며 만나야 할 자신도 잃어버린 '나'는 선형적인 시간에서 이탈해 "시곗바늘이 기울어지는 그 지점"에 거한다. "시간은 질서를 무너트리는 감정들"일 뿐이고 공간은 "울퉁불퉁 다른 모습이 되어가는 것들"이다. 자의적인 시공간이 개시되는 이 방에서 현실과 꿈은 범람한다.

> 빈손에서 빈손으로 옮겨가는 체온과 누군가 풀어놓은 털실로
> 한 올 한 올 뜨개질을 하는 당신
> 모든 문을 활짝 열어 놓는 동안
> 문밖까지 나온 당신의 얼굴은 닫힌 문의 형태를 담고 있다
> 온갖 것들은 암전 속에서 단단해졌다
> 나를 토닥이며 자장가를 부르는 사람은 누구인가
> 여전히 당신은 담담한 모습으로 아버지를 기다리고
> ― 「먼 마중」 부분

이 시에서 '나'의 상처는 어머니로부터 기인한 것인데 어머니의 상처는 다시 아버지에게서 온 것임이 밝혀진다.

누군가가 털실을 풀어놓으면 누군가는 뜨개질을 하고, 누군가가 문을 열어놓으면 누군가는 문을 닫는 관계에서, 상처는 역행과 연쇄의 악무한(惡無限)을 반복한다. 끝내 이해하지도 이해받지도 못한 이 불구의 관계는 "완성되지 않은 스웨터"처럼 버려지고 나뒹군다. "담담한 모습으로 아버지를 기다"릴 때 "나를 토닥이며 자장가를 부르는 사람은 누구인가"라고 하는 '나'의 물음은 부적절하다. 아이를 재우며 돌아오지 않는 아이의 아버지를 기다리고 있는 사람은 어머니여야 할 것이기 때문이다. 이 무서운 배후 때문에 '나'의 기억 속에서 어린 날의 얼굴들은 지워지고 시간은 거꾸로 흐르며 문이 닫힌다.

그렇게 "꼭꼭 숨어 있던 얼굴들"을 언젠가 "혼돈의 끝"에서 조우하게 되리라고 하는 이 시는 자신의 내면에서조차 들켜서도 발설되면 안 되는 치부로 남은 한 장면을 "딱딱딱 이빨 부딪히는 소리"의 발작적인 병세와 "머리는 동쪽으로 두고 퇴화한 귀를 벽에 붙이는" 최후의 징후로 예감하고 있다. 그때 "먼 마중"이라고 하는 시의 제목은 부재한 아버지의 자리를 응시했던 누군가의 통증에 대한 증언이기도 하고 그 암전된 기억 속에서 여전히 추락하고 있는 자신의 종말에 대한 계시이기도 하다.

죽은 엄마가 문을 열고 나오는 애경 미용실

푸른색 파마 향이 식욕을 돋우는 저녁이 될 것 같아

한 번도 내 엄마가 아니었던 적이 없는

내 엄마였던 적도 없는

벽에 걸린 거울이 낯설어 지워버리고

창문을 그려넣었어

—「평범한 악연」 부분

"벽"은 이해를 허락하지 않는 현재와 과거의 관계를, "거울"은 성장을 허락하지 않는 '나'와 엄마의 관계를, "창문"은 다른 지평을 만나고 싶은 자아와 세계의 관계를 상징한다면, 이제 "서로가 기억할 것이 없는 사이"로 남은 "평범한 악연"은 '나'에게만 있는 불행이 아니라 우리 모두에게 벌어질 수 있는 불행이라는 것을 안다. "수고하고 무거운 짐 진 자들은 엄마와 아버지가 나오는 악몽을 자주 꾼다고 말했다"(「모퉁이를 가진 등」)는 '나'의 이 야기는 "집 모퉁이에 누군가가 얼굴을 묻고 웅크린 채 앉아 있다"는 것으로 끝난다. 부모의 악다구니가 악몽으로, 등을 돌린 뒷모습으로, 누군가의 자장가로, 혼잣말의 아픔으로 바뀌다가 구석진 모퉁이에 숨어 마침내 안 보이는 아이가 되는 이 수순이 시집의 플롯이다.

죽음을 대체하는 퇴행과 변이, '아버지'와 가계도

"세탁기를 열고 한 덩어리의 가족을 끌어 올"(「삼켜지지 않는 알약」)릴 때 "아무 일 없다는 듯 엉켜 있"는, "팔이 엉키고 가슴이 엉키고 갈비뼈까지 엉켜 있"는, 엉켜 있는 줄도 모르고 엉켜 있"는 이 상태가 바로 '나'의 가족사다. 부정의 대상이자 극복 대상인 어떤 적을 극명하게 상정해 버리면 도리어 그것은 절대화되어버린다. '나'는 자신에게 벌어지는 상황 자체를 구체적이고 합리적으로 인지하지도 못하던 시절에 트라우마를 입었는데 그때의 충격과 공포는 그대로 기억 속에 박제된다. "꼼짝 말고 여기 있어, 움직이면 안 돼"(「여름 이야기」)라고 속삭이던 사람과 "불쑥

불쑥 나의 귀를 열고 들어오는 아이"가 있어 '나'는 원죄와 같은 그 숲으로부터 단 한 발자국도 벗어나지 못하고 숲은 오히려 더 울창해져 간다.

    하필,
    아버지는 재수 없는 나를 기억하고
    스툴 의자에 앉아
    벽이라는 것에 대해 오래도록 생각했다
    붉은 사과는 자꾸 혀를 깨문다
    나는 아무 말도 하지 않는다
                           -「케세라세라」 부분

    목매는 일이 가장 쉬웠다

    비정상적으로 그림자는 길어지고
    같은 곳에서 자꾸만 어긋나는 실로폰처럼 욕설을 날리며
    아버지는 눈이 필요 없고 나는 인형을 원했다
                             -「Most」 부분

시에는 "내가 없어져야 내가 생겨나는" 부정과 역설의 방식으로 존재하는 '나'가 있다. 기억하기 위해 망각하고, 존재하기 위해 부재한다. "혀를 깨"물고 "밀렸던 약을 한 꺼번에 털어 넣"으며 "몸속에 흐르는 나를 뽑아내"는 것은 이미 죽음이 너무 가까이 와있음을 암시하는 불온한 징후들이다. "목매는 일이 가장 쉬웠다"라는 끔찍한 첫 마디를 시작으로 '나'의 어린 시절 편린들은 하나씩 조립된다. 사랑도 보호도 하지 않는 아버지가 있는 가정에서는 "같은 곳에서 자꾸만 어긋나는 실로폰처럼 욕설"이 날아들고 "누워 있는 내게 꾀병이라고 말하는 입"이 있다. 눈을 의심할 만한 일들이 벌어지고 있는 이 현장에서 고작 "인형을 원했"던 '나'는 "세계가 사라지는 꿈"을 꾸는 데까지 몰락한다.

아버지의 눈과 귀와 입이라는 신체 특정 부위들 특히 의사소통을 하는 기관들을 적확히 지목하고 있는 것은 '나'가 그를 총체적인 인격체로 대하는 것이 아니라 물리적인 신체 이를테면 분할하거나 확대할 수 있는 발성기관 같은 부분으로 무감각하게 상대하고 있다는 것을 보여준다. 빛이 사그라들고 있다는 뜻으로 그림자는 점점 길어지고 창이 없는 벽 안에 갇힌 '나'는 보는 눈과 듣는 귀와 말하는 입을 서서히 무화해 나간다. 벽이라는 기표로 나타나는 폐쇄된 공간성은 '나'의 내면을 건축적으로 설계한 구조물이다.

"어른이 되면 눈, 귀, 입이 상실된다는 걸 알았다"라는 서술을 끝으로 목을 매는 '나'는 어린아이의 성장 단계에 머물러 있기에 미성년 화자의 페르소나를 갖는다. '나'는 아직 어른이 되어가는 중이라고 했지만 결코 어른이 될 수 없을 것이다. "자라나는 길만큼 멀어지고 있는 나"(「첼로와 비올라」) 때문이다. 점점 작아지고, 자꾸 어려지고, 숫제 태아의 모습으로 웅크리게 될 때만 '나'는 안정과 평온을 느낀다. 현실에서는 시간이 흐를수록 타나토스적 욕망만이 걷잡을 수 없게 되므로 이에 대한 중화 작용으로 꿈을 도입하고 시간을 되돌리려는 시도를 하게 된다.

벽 안에서 과거로 회귀하면서 신체를 지워가는 장면들은 시집 전체에 걸쳐 변주된다. 엽기적인 가학성과 피학성을 관통해오는 동안 자신을 찾을 수 없게 되어버린 '나'의 절규는 "뭉개질수록 새로워지는 몸"(「장인(匠人)」)이라는 착란으로 도치된다. "눈 코 입 지워버리고 눈 코 입을 그려 넣"음으로써 "상투적이고 애매하게 완벽해졌다"라고 믿는 '나'는 이러한 신체적 조작과 시공간적 변형을 통해

안도와 위로를 얻고 죽음을 대체하는 퇴행과 변이를 지속하는 것이다.

> 햇빛이 신발 속에 하얗게 누워 있다
> 꽃들이 돋아날 듯 달아오른 신발 속
> 작은 정원을 걸어보고
> 내 발을 가만히 들이밀고 싶다고 생각한다
> 문틈 사이로 들여다보이는 시간은 점점 축축해지고
> 콩닥거리는 마음을 들키지 않으려 책가방을 끌어안았다
> 방문 앞에 꽃처럼 돋아났던 화려한 신발은
> 꽃의 뿌리는 아니었을까
> ─「낯선 신발의 시간」부분

아버지에 대한 여러 기억 가운데 가장 핵심적인 기억은 아마 이 장면일 것이다. '나'는 집에 돌아왔을 때 "심장에 낙인으로 찍히는 신발 자국"을 보고 "꼬깃꼬깃해진 혀를 뽑아"내고 책가방만 끌어안는다. "아버지 여자의 신발"은 그 후로도 오랫동안 '나'의 가슴속에 남아 꽃처럼 만개한다. 아버지의 여자관계, 어머니의 부재, 자주 바뀌던 새어머니의 등장과 같은 가계도에서 비롯된 유년기의 불행과

성장 불능의 요소는 그 후 '나'가 자기 세계를 이루어가게 되는 가장 근원적인 바탕이 되며 이 시집이 쓰이게 된 계기가 된다. "오해 없이는 이해할 수 없으므로 나는 10년 전 죽은 사람에게 연락을 취"(「소식」)하고 "나를 지나간 발자국들은 돌연변이처럼 따뜻"하다는 것을 알게 된다. 결국 이것은 자기 치유의 서사이다. 시 쓰기를 통해 '나'의 치부를 바라보고 극복하는 과정을 겪었을 것이다.

기하학적 상상력과 꿈의 폐쇄회로

존재는 인정과 애정을 받을 때 긍정적인 자아상을 정립하고 자아와 세계의 관계를 승인하는 것인데, 자신을 비추어볼 '엄마'나 '아버지'라는 거울이 깨져버린 사태에 처한 '나'는 자기 자신이 누구인지 알 수 없게 되어버린다. 부모로부터 부정당한 '나'는 비탄과 환멸에 빠져 성장이 멈추게 되고 '나'의 시공간도 왜곡된다.

사람과 사람 사이에 나무가 걸어갔다 나무와 나무 사이에 사람이 꽂혀 있는 한낮 벽이 우거진 방에서 나는 벽

들을 셌다 하나 둘 셋 넷 다섯 벽을 세다가 벽을 놓치면
벽은 내 자리로 다시 돌아왔다 처음이었고 다시 벽 사이
에 벽이 돋아나고 있었다

― 「처음부터」 부분

 벽, 창, 바닥과 같은 공간은 자신의 내면을 표상한 건축물로 형상화된다. 도형처럼 서 있는 나무들이 내다보이는 이 집의 안과 바깥은 연결 통로가 없어 서로 다른 차원처럼 닫혀있다. 기하학적 상상력이 폐쇄된 자아의 상태를 이미지로 구조화하는 것이다. "열리지 않는 문은 모두 지워버렸다"라는 문장이 곧장 "입이 사라졌다"(「스트레스」)는 신체 이미지로 연계되는 것 역시 소통이 불가해진 자신의 한계를 감옥 같은 공간으로 등치 하기 때문이다. 예컨대 "앞뒤가 없는 우리는 집채만 한 공간이 덮쳐오는 것을 어찌할 수 없었다"(「그림자」)거나 "몸이 바닥과 벽에 꺾여 있다"거나 "문틈에 얼굴이 끼었으나 부서지진 않았다"라는 식으로 빛과 어둠 또한 동작과 압력의 작용으로 바꿔 놓는다.
 "밤낮없이 눈이 부시다며 꼭 감은 엄마의 눈에선 뻐꾸기 소리가 났고 우리는 뻐꾸기를 본 적이 없다"(「물방울」)

"허공을 지휘하는 아버지 꽃밭은 아직 완벽해요"라는 묘사에서처럼 엄마나 아버지는 탈 위치에 있다. 지붕에서 새는 비 때문에 아이들의 몸에서는 물방울이 튀어 오르지만 "아무도 물의 비명은 듣지 않았다 일상적이었으므로 사람들은 식상하다고 했"기 때문이다. 창밖에 갇힌 새와 움직이는 구름을 주시하던 날들처럼 '나'는 어른이 되어서도 여전히 비명을 들으며 이를 꿈이라고 믿게 된다. "출구 없는 세계 내가 없는 그곳은 바람 한 점 없이 평안했다"(「로맨스를 봐야겠어」)라는 최후의 감각 뒤에는 어김없이 "등 뒤에 있는 시간은 먼지를 일으키며 천천히 뒤틀려 갔다"라는 시공간의 왜곡 현상이 나타난다. "벗어나려 해도 늘 같은 자리인 이곳"(「횡단보도」)이 바로 똑같은 악몽이 매일 밤 반복되는 꿈의 세계다.

'나'의 정신적 파탄과 재난 상황은 "나를 쫓던 시간"과 "나를 가둔 방"(「당신은 거기를 지나갔을까요」)으로 집약된다. "하루는 목말랐고 하루는 넘쳐났"던 결핍과 과잉이, "발자국들을 버린 신발"들의 도주와 유기가, "서로의 뒤를 바라보는 최선"의 불가능성과 불가해성이 여기에는 있다. '나'는 "이해한다는 것은 불완전하다는 것"이라는 명제를 도출하기 위해 몰이해와 부조리로 점철된 세계의 수

식을 기꺼이 관통한다. 이때 이 폐쇄회로는 꿈과 잠이 뒤바뀌고 언어 대신 침묵이 켜지는 곳에서 작동한다.

"꿈을 깨웁니다 이건 잠입니다"라고 하는 구절은 수면 상태에 들었으면서 동시에 수면 상태에 있는 자신을 인지하고 있다는 신호다. 안도 바깥도 아닌 시공간에 거하는 '나'의 좌표는 흡사 시를 쓰는 자신과 시 안에 사는 자신을 동시에 감각하고 있는 시 쓰기의 메타포이기도 하다.

> 숨뭉치가 붉은 꽃으로 변할 때 알았다 너도 개라는 걸
> 언제까지 꿈만 꿀 거냐고 물었다 개가
> 무슨 말을 해야 하는데 움직이지 않는 입
>
> 번지는 꽃물이 눈동자를 물들였다
> 꽃을 천천히 들어 올렸다
> 손안에서 뭉크러지는 꽃, 아팠다 현실처럼
>
> ―「자각몽」 부분

자각몽은 자고 있는 사람이 스스로 꿈이라는 것을 자각하면서 꾸는 꿈이다. 이런 방식에서는 의식적인 개입이나 인위적인 유발로 꿈을 구성하고 통제하기 때문에 자

신의 무의식이나 욕망을 목도하고 이해하는데 용이하다. '나'는 사냥개 두 마리가 하얗게 내리는 눈 속에서 굴러다니던 갈색 솜뭉치를 물었다 흔들었다 반복하는 장면을 보게 된다, 혹은 창조한다. 그리고 그 솜뭉치가 붉은 꽃으로 변할 때 문득 자신도 개라는 것을 깨닫게 된다. 사정없이 물어뜯긴 채 힘없이 죽어 간 개를 바라보고 있는 자신 역시 다음 타겟에 불과한 개라는 것을 말이다.

인지하지 못했거나 인정하지 못했던 자신의 상황과 처지를 적나라하게 객관화하여 반추할 수 있도록 하는 이 꿈이야말로 시적 자아가 갖는 또 하나의 거울이다. "언제까지 꿈만 꿀 거냐고" 하는 개의 질문과 "무슨 말을 해야 하는데 움직이지 않는 입"은 자신과 현실에 대해 핸들링하지 못하는 상태에 대한 자책과 추궁 그리고 무력과 체념의 자동화 작용을 그대로 재현하고 있는 대화이며 일종의 자기검열이다.

"손안에서 뭉크러지는 꽃"은 통각의 실감을 전할 뿐 아니라 무방비 상태에서 가해를 당하고 속수무책으로 죽어가는 자신의 실제를 응시하도록 한다. 게다가 "하얗게 뒤덮는 눈이 내리는" 배경과 그런 눈 위에 "이리저리 굴러다녔"던 존재로 인해 비극성은 배가된다. 순수와 그 순수를 가능케 했던 결백을 전제로 하고 있기에 갑작스러운 공격과 무감각한 살해의 과정은 역으로 상상 속에서나 벌어지는 비현실적인 꿈으로 치환되는 것이다.

'나'가 어린 시절 입게 된 정신적 외상은 의식적으로 수용하기 어렵다. 극도의 공포, 불안, 결핍과 같은 정서들은 불수의근처럼 통제할 수 없으며 가연성 물질처럼 위험하기에 무의식 저 깊은 곳으로 은폐된다. 그러나 스스로 대면하거나 다루지 못하고 회피하고 보류시켜버린 이 감정들은 예기치 못한 순간마다 가공할 위력으로 출현하게 된다. 이 콤플렉스들은 의식의 영역에 떠오르지 못하고 도저한 무의식의 영역에 잠재해있다가 꿈의 형식을 빌려 귀환하는 것이다.

그 꿈은 언제나 의식과 무의식이 혼재된 것이기에 불투명하고 불편하다. 꿈의 플롯은 언어나 이성으로 이해하거나 기술할 수 없는 것이며 고통스럽게 육화된 사건과 감정으로부터 발로한 것이기에 그렇다. 따라서 '나'는 깨어있는 상태도 잠들어 있는 상태도 아닌 자각몽 상태로 존재할 수밖에 없다. "나는 어떤 꿈으로 가는 걸까"(「빈손」) 알 수 없어 의심하고, "몸이 고요해지자 너의 소리가 더 선명하게 귓속으로 들어"오듯 육체와 정신은 전도되며, "꿈이 되는 것은 아직 익숙하지 않"아 여전히 표류한다. 결국 '나'는 신체, 명암, 시공간, 꿈 등에 과거의 기억을 투사함으로써 죽음 충동을 회피하고 삶을 보존한다.

식물적 상상력을 통한 치유의 시 쓰기

시집에는 '문드러지다' 외에도 '뭉개지다', '뭉글어지다', '지워지다'라는 식의 동사가 자주 등장하는데 이는 갈등이 일어나는 배타적이며 부정적인 관계 앞에서 '나'의 사유가 미결이고 미숙이며 미욱한 채로 중단됨을 증거한다. "제자리에서 일제히 뭉그러진 채로 펼쳐져 있는 시간들"(「일요일의 연대기」), "아버지와 아버지 사이에서 나는 가끔 멋있게 뭉개졌다" "아무것도 할 수 없는 내가 좋았다 멋지게 뭉개지고 아름답게 문드러지는 그러나 잘 죽지 않는 나를"(「푸른 수염」)와 같은 표현들을 보면 '나'에게 벌어진 사건이나 심정에 대해서 정교하고 정밀하게 조정하거나 조작하지 못한 채 뭉뚱그려 안고 가는 특성을 드러내는 동사이다.

상관없는 것

모두, 어떤 것이든 상관없다는 것

일가족이 사망했다는 것도

옆집 사내가 추락사했다는 소식도

하필, 화초는 그때 꺾였고

심장은 나와 상관없이 두근거린다

창문을 뒤집어 거꾸로 세워보면

모두가 사라지는 행성이 될까

유리창을 닦는다

서로의 풍경이 문드러지도록

　　　　　　　　　　　　　－「코드」 부분

 '나'와 세계의 불화를 비유하는 "벽"과 바깥의 풍경을 보는 "창문"의 오브제에서 결국 내가 하는 행위는 "창문을 뒤집어 거꾸로 세워보"는 것이고 "모두가 사라지는 행성"을 모의하는 것이며 "서로의 풍경이 문드러지도록" 유리창을 닦는 것이다. 아직 '나'는 어떤 것도 넘어서지 못했다. 불화의, 불모의, 불가능성의 서사다. "안과 밖의 구별을 뒤로 미룬 채 종일 흘러 다"닐 뿐이다. 사방이 온통 "벼랑"이며 "허방"이기 때문이다. 그러나 이것은 '나'만의 폐허는 아닐 것이며 우리 모두로 하여금 자신도 모르게 불시착하게 된 황무지를 보게 한다. 그래서 모든 것이 상관없다는 발언은 기실 전혀 상관없지 않다는 반어법이다. "일가족이 사망했다는 것도 옆집 사내가 추락사했다는 소식도" 한 줄도 지나칠 수 없어 화초는 꺾이고 심장은 두근댄다. 왜냐하면 고독사한 이도, 비관 자살한 이도, 결국 또 다른 '나'이기 때문이다.

나는 움직이지 않는다
축축하게 히비스커스 꽃물을 부어놓으면
쑥쑥 자라 어린아이가 되겠지
미치지 않은 마음도 갖게 될 테고
―「히비스커스에 발을 담그면」 부분

'나'의 실수나 잘못 때문이 아니라 '나'의 존재 자체를 "망할 년"이라는 불필요하고 불경한 것으로 치부했던 엄마로 인해 '나'의 어린 시절은 절망적이다. "엄마가 쉼 없이 뱉어내던 말" 때문에 엄마에 대한 '나'의 감정은 양가적이다. 엄마의 사랑에 허기진 '나'는 어른이 되어서도 엄마의 사랑을 갈구하고, 엄마의 학대에 붕괴한 '나'는 어른이 되어서도 엄마에게 길든 과거에 묶여있다. 근원과 존재를 부정당한 '나'는 성장하지 못하고 퇴행과 환상을 반복한다. "절벽"과, "흔들리는 기차"와, "멀미"와, "천천히 돌아눕는 태양의 등"과 같은 내면의 투사체들과 "안으로만 문을 걸어 잠그"는 '나'의 증상은 매번 같은 연극이 상연되는 무대를 떠오르게 한다.

'나'를 "쑥쑥 자라 어린아이가 되"게 하는 것 그리고 더 이상 "미치지 않은 마음도 갖게" 하는 것은 '식물적 상상력'이다. '나'는 "쪼그려앉아 발등을 만져보"며 "몽글몽글 돋아난 새싹"을 감지한다. '나'의 시간이 거꾸로 흐르는 것은 온전한 '나'에게 돌아가 스스로의 존재를 복원해야 하기 때문이다. "멀미를 잠재우는 데는 나무가 최고였어요"(「타임푸어」) 혹은 "이가 빠진 자리에 나무를 심은 아이는 잠든 이파리를 깨우고 주인 없는 무덤을 굴리며 갔다"(「거룩한 혀」)라고 하는 고백처럼 푸른빛으로 일컬어지는 색채 계열의 시어들이나 흙과 햇빛과 꽃으로 순환하는 나무와 관련한 시어들은 식물적 상상력 안에서 '나'가 유일하게 안식하고 치유될 수 있는 가능성을 보여준다.

톡톡톡 떨어지는 빗소리만큼

편안해지는 자장가는 없었다

눈을 감았다 뜨면

어김없이 아침은 배달되어 있었고

그런 날이면 나무처럼

하루를 푸르게 시작할 수 있었다

옷 벗고 있는 전단지의 여자들은 엄마의 얼굴이었다

엄마라고 생각만 해도 장미 향이 났다

−「가을이 오는 방식」 부분

  엄마라는 존재는 '나'의 존립과 성장에 절대적인 존재였지만 한 번도 허락된 적은 없다. 꿈결처럼 내게 인사하고는 유령처럼 사라져버렸기 때문이다. 엄마 이후의 엄마들이 모두 "장미향"이나 "전단지"와 같이 성적 대상화의 존재로만 묘사되는 것은 어떤 엄마도 내게 엄마로서의 역할을 해주지 못했음을 보여준다. 엄마의 기능을 대체한 것은 자장가처럼 편안해지는 "빗소리"다. 가끔 빗소리를 들을 때에 비로소 '나'는 깊은 잠이 들 수 있었고 그런 날이면 "나무"처럼 하루를 시작할 수 있었기 때문이다.

엄마의 자장가를 대신하는 것이 빗소리라면 나무는 떠나지 않고 그 자리에 있는 존재이고 때가 되면 피겠다는 약속을 지키는 존재다. 빗소리와 나무가 주는 공감각적 심상은 '나'에게 유일한 구원이 된다. "춤이 된 순간만큼은 너를 용서할 수 있겠다 나를 괴롭히던 진실 속의 진실들 내가 알고 있는 거짓과 진실은 편견일까, 주입일까"(「골드스완」)라는 구절은 '나'가 가까스로 용서에 다다를 수 있는 순간에 대해 진술하고 있다. 빗소리와 나무 그리고 춤과 물아일체가 되는 것은, 시를 쓰는 순간과도 비견할 수 있다. 이는 예술의 경지에 다다르는 것이고 엑스터시에 빠져드는 것으로서 과거의 상처를 잊고 잠시 '나'로 돌아갈 수 있게 되는 것이기 때문이다. "그림자를 끌어다 밥을 먹이"고 "내가 뚜렷해질 때까지 창문을 닦습니다"(「가까이 오세요」)라고 말하기까지 '나'는 삐뚤삐뚤한 모서리를 그렇게 걸어 나온다.

나가며

시를 읽는다는 것은 한 자아가 어떻게 자기 세계를 이

루어가는지 함께 천착해가는 과정이라고 할 수 있다. 태초에 시작을 가능하게 한 필연적인 인과이자 동기로서 근원성에 대한 탐구, 시적 자아가 타자와 자신의 변별자질이 될 수 있는 특이점을 발견하고 생성해가는 고유성에 대한 추구, 시의 변모 양상과 지향을 통해 기대해볼 수 있는 미래성에 대한 전망이 시집의 의의를 위한 필요충분조건이라고 한다면 김경린의 시는 자기 세계의 축조를 위해 온몸으로 통과의례에 육박해왔다는 믿음을 갖게 한다. 자장가를 대신하는 빗소리에 의지해 거꾸로 흐르는 시간과 깨어진 거울의 방을 건너온 어린나무 도형은 이제 그 꿈에서 깨어나 연둣빛 언덕으로 첫걸음을 내디딜 준비를 마쳤다. 새로운 전개도를 조형하며 그렇게 다음 장으로 향해 갈 것이다.